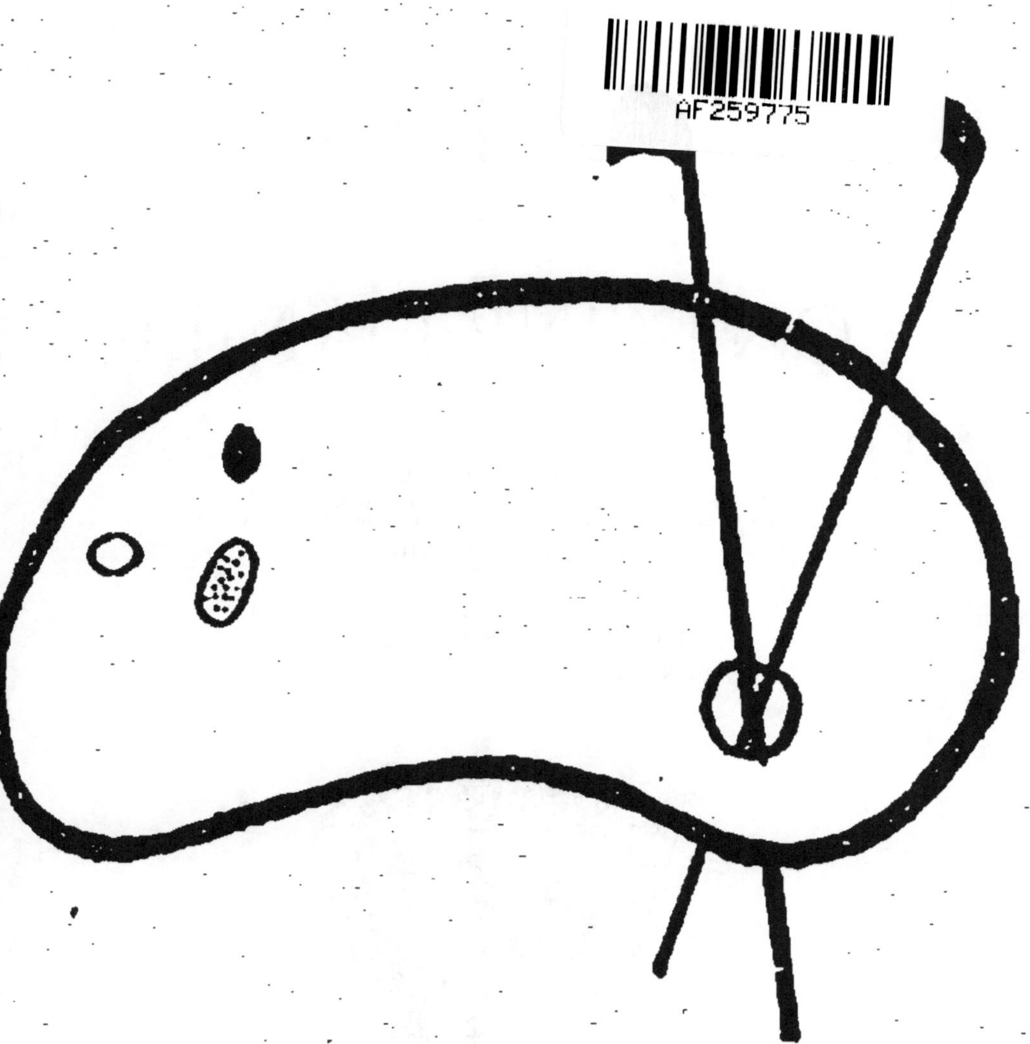

ORIGINAL EN COULEUR

NF Z 43-120-8

L'ABBAYE

DE

FONTAINE-DANIEL

PAR

A. GROSSE-DUPERON

Membre de la Société historique et archéologique du Maine
et de la Commission historique et archéologique de la Mayenne

ET E. GOUVRION

ÉTUDE HISTORIQUE

MAYENNE

IMPRIMERIE POIRIER-BEALU

M.D.CCC.XCVI.

TABLE DE L'ÉTUDE HISTORIQUE

CHAPITRE I. — Fondation de l'abbaye.
CHAPITRE II. — Haute justice de l'abbaye.
CHAPITRE III. — Fontaine-Daniel sous les abbés réguliers.
CHAPITRE IV. — Abbés commendataires.
CHAPITRE V. — Partage en deux menses des biens de l'abbaye.
CHAPITRE VI. — Domaines et fiefs divers.
CHAPITRE VII. — Échanges avec le Cardinal de Mazarin. — Conflits et procès.
CHAPITRE VIII. — Baronnie de Réville.
CHAPITRE IX. — Fontenay-le-Pesnel et Secqueville-en-Bessin. — Montchamp.
CHAPITRE X. — Description de l'abbaye.
CHAPITRE XI. — Revenus et charges. — Vente des biens de l'abbaye.
CHAPITRE XII. — Derniers moines de Fontaine-Daniel.

APPENDICE

A. — La Chapelle Ste-Anne de Bourgnouvel, commune de Belgeard.
B. — Extrait d'un aveu rendu par le seigneur de Bourgon.
C. — Lettres de frère Jean, abbé de Fontaine-Daniel, relatant un accord avec André de Laval. — Copie d'une note contenant l'analyse de quelques chartes.
D. — Réparation des torts de Geoffroy de Landivy. — Serment de Geoffroy de Landivy.
E. — Divisions judiciaires.
F. — Seigneurie de Thuré.
G. — Bail du Greffe civil et criminel de la baronnie de Fontaine-Daniel.
H. — Le moine de Saire ou de Réville.
I. — Lettre de Maupetit à l'abbé Féry.
J. — Revenus de la mense abbatiale.
K. — Tableau des estimations du revenu annuel de quelques immeubles de Fontaine-Daniel.
L. — Tableau de la dépréciation du papier-monnaie
M. — Chartrier de Fontaine-Daniel.
N. — Brûlement des papiers de l'abbaye.
O. — Lettres du District de Mayenne à l'administration départementale. — Séance de la municipalité de Mayenne du 29 frimaire an VI.
P. — Lettre de Maupetit relative au choix d'un conseiller à la Barre ducale.
Q. — Règlement de la dîme des porcs, du 6 juillet 178.
R. — Règlement concernant la rédimibilité des pailles des dîmes.

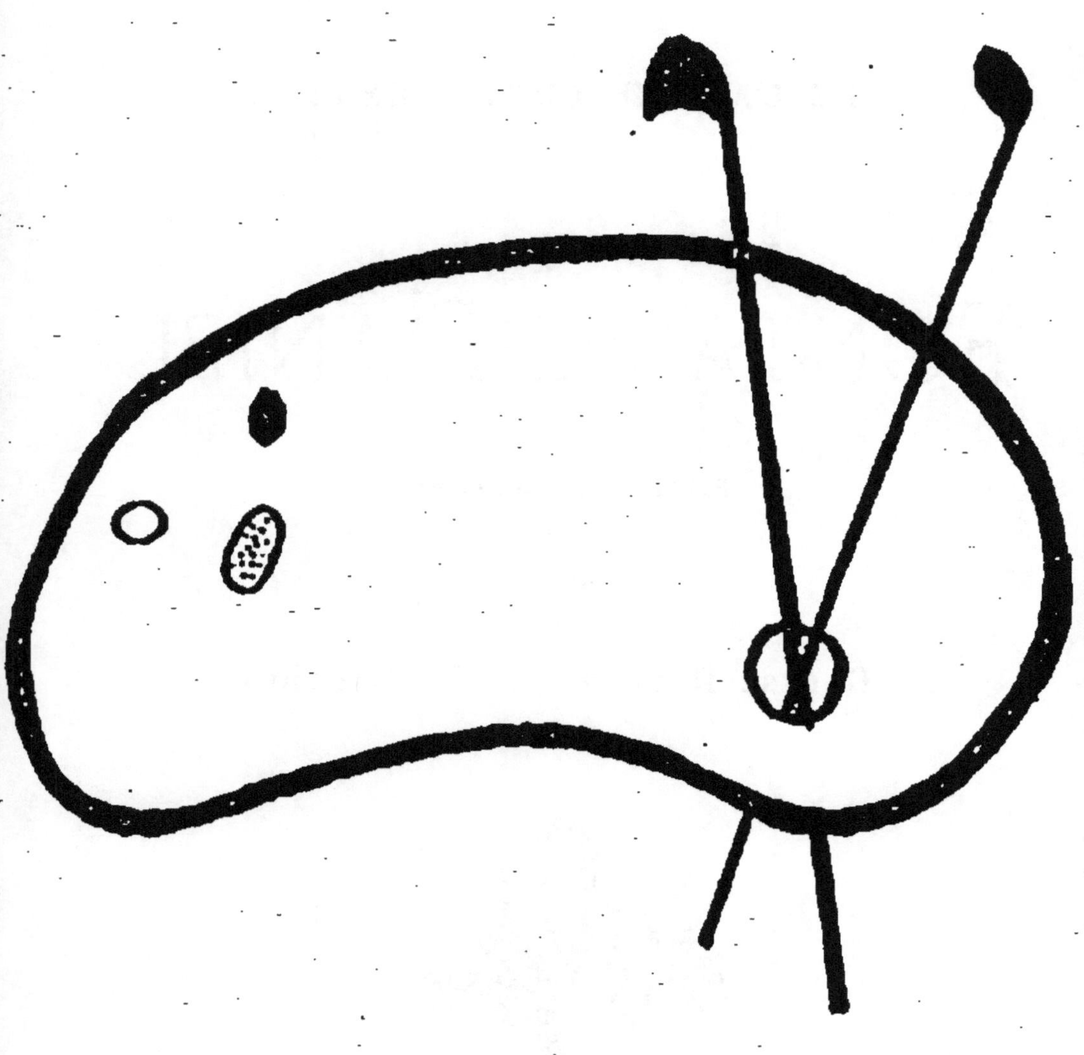

ORIGINAL EN COULEUR

NF. Z 43-120-8

CARTULAIRE

DE L'ABBAYE CISTERCIENNE

DE

FONTAINE-DANIEL

PUBLIÉ ET TRADUIT

PAR

A. GROSSE-DUPERON ET E. GOUVRION

MAYENNE

IMPRIMERIE POIRIER-BEALU

M.D.CCC.XCVI.

FAÇADE DU CHŒUR DE L'ÉGLISE DE FONTAINE DANIEL

BIBLIOGRAPHIE

Extrait de la Revue du Maine (1897) :

M. Grosse-Duperon, déjà connu très avantageusement des lecteurs du *Bulletin de la Commission historique et archéologique de la Mayenne* par quelques intéressants articles insérés, il y a quelques années, dans ce Bulletin, vient de faire paraître, en collaboration avec M. Gouvrion, chez M. Poirier-Béalu, imprimeur à Mayenne, deux volumes consacrés, l'un à l'histoire de l'abbaye de Fontaine-Daniel, l'autre à la publication de son Cartulaire, et dont l'apparition mérite à coup sûr d'être signalée à tous les érudits de notre province comme un véritable événement.

On sait quelle place importante l'abbaye dont il s'agit a tenue dans l'histoire du Bas-Maine. Fondée au commencement du XIIIe siècle par Juhel III de Mayenne, d'abord à la Herperie, près Bourgnouvel, sous le titre de N.-D. de Clairet, puis transférée peu après dans la forêt de Salair, en Saint-Georges-Buttavent ; dotée dès l'origine, tant par son fondateur que par divers seigneurs de la contrée, de nombreuses terres et seigneuries, non seulement dans diverses parties du Bas-Maine, mais encore en Normandie et jusqu'en Anjou ; pourvue dès 1243 par Dreux de Mello, le successeur direct du fondateur, du droit de haute justice sur tous les vassaux qu'elle possédait dans les limites de la baronnie de Mayenne ; bientôt érigée elle-même en baronnie relevant nuement du comté du Maine, elle n'avait pas tardé à devenir, en même temps qu'un monastère célèbre au loin par la piété et la charité de ses moines, une des terres féodales les plus considérables du Bas-Maine septentrional.

De bonne heure aussi les bâtiments de l'abbaye avaient été dignes de son importance, à la fois religieuse et féodale ; affectant dans leur partie principale la forme d'un vaste quadrilatère, composé au nord par la chapelle ou église primitive, à l'est par le couvent, au sud par la maison abbatiale, à l'ouest par l'hôtellerie et les magasins, et ayant au centre le cloître avec sa cour, entourés eux-mêmes d'immenses servitudes, le tout précédé d'un porche monumental et d'une longue avenue d'arbres séculaires, ces bâtiments constituaient assurément une des plus belles abbayes de la province. L'église surtout passait pour une merveille ; à l'intérieur, la porte du chœur surmontée d'un écusson aux armes des Laval-Montmorency avec inscription au-dessous, le magnifique tombeau de Juhel III et les imposantes pierres tombales de plusieurs anciens abbés, ainsi que sept chapelles construites autour de la nef à différentes époques, par les plus grandes et les plus illustres familles du pays, telles que les d'Avaugour et les des Vaux, et où les membres de ces familles avaient droit de sépulture ; tout cela excitait à bon droit l'admiration des visiteurs et des étrangers.

Telle était, dans les siècles qui suivirent sa fondation, l'abbaye cistercienne de Fontaine-Daniel, aussi belle dans ses bâtiments, que riche par ses nombreux domaines et ses importantes seigneuries.

Quant à son histoire, elle ne fut d'abord, au milieu de cette si grande prospérité temporelle, que celle d'humbles religieux partageant leur temps entre la prière, le travail et l'aumône. Mais bientôt commença pour le monastère fondé par Juhel III une période plus critique. Sans parler des dangers qu'il courut pendant la guerre de Cent Ans et l'occupation anglaise, ni des maux que lui firent éprouver les troupes de d'Essex lors de leur passage par le Bas-Maine, vers la fin des guerres religieuses du XVI⁰ siècle, des épreuves d'un autre genre, et pires encore que celles auxquelles nous venons de faire allusion, l'attendaient avec l'introduction, sous le règne de Louis XI, des abbés commendataires dans les abbayes. Déjà, quand en 1463, l'évêque d'Angers, Jean de Beauvau, nommé grâce à la faveur royale abbé commendataire de Fontaine-Daniel, avait voulu aller prendre possession de l'abbaye, il l'avait trouvée occupée, à l'instigation de François Chérot, l'abbé régulier, par une troupe de gens armés, qui lui en avaient fermé l'entrée. C'était un véritable scandale, dont la commende, avec les compétitions qu'elle suscitait, était l'unique cause. Or, ces compétitions devaient se renouveler avec des conséquences plus fâcheuses encore, en 1477, entre Jean Courtin, le successeur régulier de François Chérot, et le même Jean de Beauvau. On vit alors ce dernier faire acte de possession, lors de sa première visite au monastère, en le dépouillant de ce qu'il avait de plus précieux. Puis ce fut Jean Courtin qui se rendit à son tour à Fontaine-Daniel à la tête d'une vingtaine d'hommes d'armes, et, trouvant la porte fermée, y entra à main armée et par escalade. Beauvau riposta en envoyant à l'abbaye le sergent-royal, Jean d'Anjou, chargé de faire valoir ses droits ; mais, celui-ci, loin d'y parvenir, après avoir été fort maltraité, fut fait et gardé prisonnier. Enfin l'évêque d'Angers prit le parti d'expédier à Fontaine-Daniel sept à huit vingt hommes d'armes, qui, munis d'artillerie, prirent l'abbaye d'assaut après un siège en règle, non sans y causer les plus grands dégats, et blessèrent mortellement plusieurs religieux. Toutes ces scènes scandaleuses avaient eu lieu coup sur coup pendant l'automne de 1477, et ce n'était certainement pas pour un tel résultat que Juhel III avait jadis établi le monastère cistercien dans la forêt de Salair.

.Au siècle suivant, le spectacle présenté par l'abbaye, sans offrir des scènes aussi tragiques, n'est guère plus édifiant. Ce sont d'abord de nouvelles compétitions entre les abbés élus par les moines et les abbés commendataires; puis, dans la seconde moitié du même siècle, des procès continuels entre les abbés et les moines, tantôt à l'occasion des revenus de l'abbaye, que les premiers essayaient de s'attribuer exclusivement au préjudice de ces derniers, tantôt au sujet du nombre de religieux que les abbés s'efforcent de diminuer le plus possible.

Avec le XVIIe siècle, l'histoire de l'abbaye en question devient heureusement exempte de tous ces scandales, mais la décadence du monastère n'en va pas moins toujours en s'accentuant. S'ils continuent à suivre, au moins en apparence, leur règle, déjà il est vrai fort adoucie, si surtout ils pratiquent plus que jamais le précepte de l'aumône, les moines vivent aussi de plus en plus dans la mollesse et l'oisiveté.

Enfin lorsque la Révolution vient supprimer leur règle et fermer leur abbaye, mûrs pour leur déchéance finale, ils s'empresseront d'apostasier, semblant ainsi justifier comme hommes le coup qui les frappera comme religieux.

Telles ont été, pendant les six siècles de son existence, les destinées de l'abbaye de Fontaine-Daniel, et tel est aussi, résumé en ces quelques pages, le contenu du premier des deux volumes que MM. Grosse-Duperon et Gouvrion viennent de publier. Mais ce dont, seule, la lecture de l'ouvrage en question peut donner une idée, c'est la somme prodigieuse de recherches, aussi éclairées que consciencieuses, dont cet ouvrage est le résultat. Tous ceux qui connaissent de près les auteurs, dont la profonde érudition n'a d'égale que la modestie, savent qu'ils ne sont pas hommes à promettre plus qu'ils ne pourraient tenir. Aussi ne craignons-nous pas de dire que, sous le titre trop modeste de simple étude historique, ils ont fait, en réalité, l'histoire complète et définitive de la célèbre abbaye cistercienne. Et c'est là, nous le répétons, un véritable événement dans l'ordre des publications qui concernent notre province. Ajoutons que, composé avec méthode, écrit dans un style correct et agréable, le livre, dont nous venons de rendre compte aux lecteurs de la Revue du Maine, offre dans son ensemble un intérêt soutenu, tant le récit est habilement entrecoupé par les descriptions pittoresques et les anecdotes plaisantes qui y alternent avec les digressions savantes et les considérations élevées.

Nous arrivons maintenant au second des deux volumes, le *Cartulaire de Fontaine-Daniel*. En entreprenant cette publication dont, par leur grande expérience de la paléographie, non moins que par leur connaissance des lieux, eux seuls étaient vraiment capables, les auteurs de l'étude historique ont rendu un service des plus importants aux chercheurs du Bas-Maine. Source sûre et abondante de renseignements sur les anciennes familles nobles de la contrée dont Mayenne est le centre, en même temps que sur le passé des terres comprises dans la mouvance de l'abbaye, le Cartulaire de Fontaine-Daniel était d'autant plus précieux à consulter pour nous que les archives mêmes du monastère ont été entièrement détruites par la Révolution. Or, restée jusqu'ici à l'état de manuscrit dans le fonds Gaignières de la Bibliothèque nationale, cette précieuse collection de chartes ou d'extraits de chartes était peu accessibles aux érudits locaux. Désormais, grâce à la publication du cartulaire, publication faite selon les règles dans l'ordre chronologique et avec une table alphabétique à la fin, chacun d'eux pourra l'avoir dans sa bibliothèque, à côté des deux volumes de Le Paige dont il sera le complément.

Signalons, en terminant, les quatre dessins ou reproductions de photographies qui illustrent l'étude historique, et dont l'un, celui qui représente les armoiries de l'abbaye, figure en tête de chacun des deux volumes, et n'oublions pas non plus d'adresser nos plus sincères compliments à M. Poirier-Bealu, le libraire-imprimeur de Mayenne, à qui l'excellente typographie de cette double publication fait grandement honneur.

Marquis DE BEAUCHÈNE.

Extrait du Bulletin de la Commission historique et archéologique de la Mayenne (1897) :

C'est un véritable monument que MM. Grosse-Duperon et Gouvrion viennent d'élever à la mémoire de la vieille abbaye cistercienne fondée par Juhel III de Mayenne, enrichie des dons de ses successeurs, mêlée pendant six siècles à l'histoire et à la vie du pays de Mayenne, emportée enfin par la tourmente révolutionnaire. Les restes importants de Fontaine-Daniel attestent encore aux yeux la grandeur de cette institution monastique, et même, par le contraste rapproché des constructions du xiii⁰ et du xviii⁰ siècle, ils montrent les profonds changements qui séparaient les moines, comme les hommes, de ces deux époques. Quelques débris d'archives ont gardé la teneur des actes de fondations et de libéralités des pieux bienfaiteurs du monastère, d'autres nous renseignent sur l'état de ses biens, de ses ressources diverses, sur ses juridictions, sur ses procès, sur son administration ; il n'est pas jusqu'à ces quelques lettres, échangées entre le dernier abbé et son intendant, qui n'aient leur intérêt pour l'histoire de ces mœurs et de ces institutions qui allaient finir. C'est cet ensemble que les savants éditeurs livrent au public, sauvant à leur tour ces débris de la destruction qui menace les vieux documents, fragiles épaves du passé ; c'est de ces sources d'information qu'ils ont tiré l'histoire du monastère mayennais.

Le texte du Cartulaire est celui de la collection Gaignières, conservé à la Bibliothèque Nationale (lat. 5475), avec quelques additions : les éditeurs ont substitué au groupement primitif l'ordre chronologique. Plusieurs des pièces sont abrégées, d'aucunes ne figurent que par quelques mots : telles ils les ont trouvées dans le recueil de Gaignières. On n'en peut que davantage regretter la destruction du chartrier de Fontaine-Daniel (*Etude Historique*, p. 445), qui a enlevé le meilleur moyen de contrôler les textes et de combler ces lacunes.

Peut être faut-il regretter que les auteurs, scrupuleux éditeurs du texte de Gaignières, n'aient pas ajouté quelques lignes, que mieux que personne ils pouvaient écrire, pour nous dire si toutes les pièces publiées étaient inédites, si certaines dates devaient être rapportées au vieux ou au nouveau style, etc. Le vieil archiviste, qui a lu leur livre avec le plus grand soin, se permet de formuler ces quelques desiderata, un peu par habitude de métier et aussi pour témoigner de la sincérité avec laquelle il prétend apprécier une œuvre aussi intéressante et aussi consciencieuse. Ainsi croit-il qu'il n'y a pas d'erreur de date dans les pièces de 1248 émanées de Dreux de Mello, celui-ci n'étant mort qu'en 1249 selon le P. Anselme, ce que paraît confirmer la pièce CXCIII.

MM. Grosse-Duperon et Gouvrion ont pris la peine de traduire tout ce recueil, entreprise ardue et d'une singulière difficulté ; le lecteur, peu familier avec le style et les mots latins du moyen-âge, pourra ainsi se rendre compte, sans effort, de la teneur de ces vieux textes.

L'abbaye de Fontaine-Daniel n'occupe pas une place éminente dans l'histoire ; elle n'a pas été le siège de grands évènements et ses moines n'ont pas été élevés aux grandes charges de l'Eglise ou de l'Etat. A vrai dire, comme le remarquent nos auteurs, ce manque d'éclat est une preuve de l'existence régulière, pieuse et bienfaisante des religieux : « Si les fils du fondateur de Clairvaux se contentèrent durant des années, d'être pieux et de mourir saintement, ce qui est encore la meilleure manière d'avoir vécu, le monde n'a pas à s'en plaindre ». Mais ces vies là ne laissent pas de traces dans l'histoire, et la pelletée de terre qui recouvre le moine en efface aussi le souvenir.

Malgré cette difficulté, MM. Grosse-Duperon et Gouvrion ont su écrire une histoire de Fontaine-Daniel aussi intéressante qu'instructive ; elle abonde en renseignements curieux, souvent inédits sur la charité, sur les mœurs et les usages au moyen-âge ; puis lorsque vient avec la fin du xv⁰ siècle cette plaie de la commende, voici cette longue lutte entre l'évêque d'Angers, Jean de Beauveau, et l'abbé régulier, François Cherot, lutte épique, mêlée de procès en cour de Rome, de séquestrations, de pillages, de violences, où l'équité est vaincue, où l'institution monastique reçoit un ébranlement dont on pourra constater au xviii⁰ siècle les irréparables ravages. Notons en passant que ce long et navrant épisode est raconté en quelques pages du plus vif intérêt.

Il est juste de signaler aussi la compétence avec laquelle sont traitées les questions qui touchent au droit et aux coutumes ; on voit que la législation féodale leur est familière ; soit dans le texte, soit en note, les termes anciens sont heureusement commentés et toujours nettement expliqués. L'exercice de la justice, les procès, soit qu'ils fussent jugés par les officiers de l'abbaye, soit qu'ils fussent intentés pour faire valoir les droits du monastère, tiennent une grande place dans cette histoire : n'est-ce pas là du reste, avec les comptes et mieux que les comptes, ce qui est partout resté des archives anciennes ? MM. Grosse-Duperon et Gouvrion, signalent avec raison l'apparition du droit romain, cité avec érudition dans la charte de Dreux de Mello de 1243 ; déjà apparaît, en effet, cette présence des légistes qui tiendront si longtemps sous leur main tous ces fiefs, toutes ces innombrables juridictions issues de la féodalité, que le seigneur en soit châtelain ou abbé.

Le chapitre XII consacré aux « derniers moines de Fontaine-Daniel » n'est pas un des moins attrayants. A la veille de la révolution, on menait grand bruit du relâchement des moines ; à Fontaine-Daniel ce reproche, le plus souvent calomnieux, était immérité, mais le désir du bien-être s'y était introduit peut-être par l'exemple des abbés commendataires, et la vie qu'on y menait, pour être régulière, n'en était pas moins bien éloignée de l'austérité des premiers cisterciens et du détachement des biens de ce monde ; de plus la discorde y régnait depuis longtemps ; plus d'obéissance des religieux à leurs supérieurs, partant plus d'autorité, plus de « valeur morale », selon l'expression de nos historiens. Aussi, dans cette décadence de l'institution monastique, les sept derniers moines accueillirent-ils avec empressement les décrets de l'Assemblée Nationale, qui rompaient le faible lien les attachant encore à leur règle et à la vieille abbaye. MM. Grosse-Duperon et Gouvrion nous donnent sur ces derniers jours et sur la vie de ces religieux, de bien curieux détails. Ils terminent ce chapitre par des considérations très remarquables sur la vie et la mort de l'institution fondée par Juhel III ; ils constatent qu'au moment où tombait sous la tempête révolutionnaire « l'arbre monastique planté par Juhel, en Salair », et déjà bien dépérissant, une de ses branches au moins « était encore verte, celle de la charité chrétienne, et qu'elle donnait toujours des fruits. » Elle mérite à ces « décadents » l'indulgence de la postérité et leurs historiens ont tenu à leur rendre ce témoignage dans ce livre écrit avec autant d'impartialité que d'érudition.

J.-M. RICHARD.

Extrait du Nouvelliste de la Sarthe (19 mars 1897):

L'abbaye cistercienne de Fontaine-Daniel fut fondée vers la fin du xiie siècle par Juhel de Mayenne. Etablie d'abord à la Herperie, près Bourg-Nouvel, à une lieue et demie de Mayenne, elle prit le nom de Notre-Dame-de-Clairet; mais située dans un emplacement auquel manquaient l'abondance des eaux et la fertilité du sol, elle ne tarda guère à être transférée dans la forêt de Salair, en la paroisse de Saint-Georges-Buttavent, où elle reçut son nom définitif.

C'est à cet établissement que MM. Grosse-Duperon et E. Gouvrion, ont consacré deux beaux volumes in-8º : l'un, de 430 pages, intitulé : *Cartulaire de l'abbaye cistercienne de Fontaine-Daniel;* l'autre, de 462 pages, et orné de quatre planches, sous ce titre : *L'Abbaye de Fontaine-Daniel, étude historique.*

Le *Cartulaire* contient *in extenso* la reproduction de celles des chartes des anciennes archives de l'abbaye, qui avaient été copiées pour Gaignières et dont les textes, datés depuis 1187 jusqu'en 1624, sont conservés au manuscrit latin 5475 de la Bibliothèque Nationale. Les actes y figurent dans un ordre chronologique, qui eût été plus rigoureux encore si on avait placé les pièces dressées, entre le premier janvier et le jour de Pâques, à la suite de celles du mois de novembre, de façon à se conformer au style usité dans la France presqu'entière, à partir de l'aurore du xiie siècle jusqu'à l'année 1563. Une bonne table alphabétique donne toutes les facilités aux recherches et complète de la façon la plus utile ce beau volume, auquel il ne manque que la reproduction des sceaux vus par Gaignières, pour satisfaire pleinement les érudits.

Quant à l'*Etude historique,* elle n'est pas bornée aux renseignements fournis par les chartes du *Cartulaire,* elle renferme aussi la mise en œuvre des documents nombreux compulsés par ses auteurs. Nous ne pouvons que renvoyer les lecteurs du *Nouvelliste* à cet important tableau de la vie monacale dans le Maine et aux curieux détails qu'il renferme sur l'existence des moines de Fontaine-Daniel, tant aux époques où la prospérité de la France leur laissait toute liberté pour accomplir leurs devoirs, que dans les moments troublés, où les crises sociales venaient mettre en péril l'existence même du monastère. La guerre de Cent Ans, l'installation de la Commende, les luttes religieuses du xvie siècle, pour Fontaine-Daniel comme pour les autres établissements religieux de la France, ont été les causes de terribles épreuves, dont M. Grosse-Duperon et M. Gouvrion ont soigneusement recueilli les traces.

Ces deux volumes, aussi intéressants qu'instructifs, ont leur place marquée dans les bibliothèques de la Sarthe aussi bien que dans celles de la Mayenne. Ils n'ont été tirés qu'à 205 exemplaires, tous numérotés à la presse, et ne tarderont guère à prendre rang parmi les raretés bibliographiques.

Bertrand de Broussillon.

EN VENTE

CHEZ M. POIRIER-BEALU, LIBRAIRE

A MAYENNE

—

Les deux volumes se vendent ensemble 24 fr.

Ajouter 1 fr. en sus pour recevoir les deux volumes *franco*, en gare du destinataire.